SŒUR JUDITH GUYE

ET

L'ÉCOLE NORMALE DES INSTITUTRICES

DE BESANÇON

BESANÇON

IMPRIMERIE ET LITHOGRAPHIE DE J. JACQUIN

Grande-Rue, 14, à la Vieille-Intendance

1880

SŒUR JUDITH GUYE

ET

L'ÉCOLE NORMALE DES INSTITUTRICES DE BESANÇON.

Le samedi 26 juin, après une courte maladie, supportée avec la résignation la plus chrétienne, sœur Judith Guye expirait au milieu de ses compagnes, les religieuses de la Charité, qu'elle avait édifiées jusqu'au dernier soupir. Elle était dans sa soixante-onzième année, portant encore, dans un corps faible, une âme pleine d'énergie pour le bien, et un esprit qui conserva sa lucidité jusqu'au moment suprême. Elle avait inauguré en 1843, et dirigé pendant passé trente-sept ans l'école normale des institutrices de Besançon. Durant ce long apostolat, elle a rendu les plus éminents services à l'enseignement primaire dans toute la province. Modeste autant que dévouée, elle ne sortait presque jamais de son école, qu'elle regardait comme sa famille, comme le champ qu'elle devait cultiver tous les jours, et auquel elle a fait produire des fruits au centuple. Aussi, quand le lundi 28 juin son convoi se rendit à la cathédrale, c'était comme le pacifique triomphe d'une sainte âme dont tous les assistants disaient intérieurement : *Elle a passé en faisant le bien.* Le clergé, l'université, l'administration, les écoles laïques et congréganistes, etc., s'étaient fait un devoir de former son cortège, et Mgr l'archevêque voulut assister au chœur à la cérémonie funèbre.

Mais ce qu'il y eut de plus touchant dans ces obsèques, c'est la présence des nombreuses institutrices de campagne qui, à la nouvelle de cette mort, accoururent, au nombre de plus de cent, verser des larmes et des prières autour du cercueil de celle qu'elles aimaient toutes comme une mère.

Maintenant que son corps repose dans la tombe et que son âme est retournée à Dieu, je voudrais, pour l'honneur de sa mémoire et l'édification de tous ceux qui s'intéressent à l'éducation de l'enfance, dire quelque chose de ce qu'elle a fait dans sa longue administration.

La vie d'une directrice d'école est naturellement peu variée. Sœur Judith avait une ligne droite bien marquée. Elle la suivait invariablement, recueillant au passage tous les perfectionnements qui pouvaient l'aider à mieux atteindre le but, c'est-à-dire à éclairer les âmes par l'instruction et à former les cœurs par la vertu. Dans toutes les méthodes, elle cherchait surtout ce qu'il y avait de plus pratique ; dans tous les moyens d'action, elle préférait ceux qui avaient un caractère affectueux et maternel, comprenant bien que le meilleur moyen de commander utilement, c'est de faire estimer et aimer le commandement.

Sœur Judith Guye naquit à Censeau (Jura), le 7 septembre 1809. Après avoir achevé son noviciat chez les sœurs de Charité de Besançon, elle fut chargée, pendant douze ans, d'enseigner à l'école communale de Conliège (Jura), où elle a laissé des souvenirs qui ne sont pas encore effacés.

De là elle vint passer quelques mois à la maison principale de sa communauté, à Besançon, comme maîtresse des postulantes. C'était le moment où M. Tourangin, préfet du Doubs, de concert avec le conseil général, s'occupait d'organiser une école normale d'institutrices à Besançon. Ce projet répondait aux désirs de tous. Il fut accueilli avec faveur par l'opinion publique. Il devait sans doute imposer des charges au département ; mais on verra combien ces charges ont été adoucies par sœur Judith, et combien ces sacrifices ont été féconds.

Il fallait d'abord préparer le local destiné à l'école. On acheta, sur le chemin de la citadelle, la maison Desbiez et le terrain qui l'entourait. Cet espace, dans une situation élevée, saine, agréable et de bon air, comprenait une surface totale de 25 ares 25 centiares. C'est là que fut bâtie la maison de l'école normale des institutrices. Quand tout fut prêt pour recevoir aussi bien que possible la nouvelle communauté, l'ordonnance suivante fut publiée dans le Bulletin des lois :

« Ordonnance du roi relative à la création d'une école normale d'institutrices à Besançon. 30 août 1842 :

» Louis-Philippe, etc.,

» Sur le rapport de notre ministre secrétaire d'Etat au ministère de l'instruction publique ;

» Vu notre ordonnance du 23 juin 1836, concernant les écoles primaires de filles ;

» Vu la délibération prise par le conseil général du département du Doubs, dans sa session de 1839 ;

» Vu la loi des finances du 25 juin 1841, qui a autorisé la perception d'un centime extraordinaire, pendant trois ans, pour les frais de premier établissement d'une école normale d'institutrices à Besançon ;

» Vu notre ordonnance du 7 octobre 1841, qui a autorisé l'acquisition d'une maison destinée à ladite école ;

» Vu le budget du département du Doubs pour l'exercice 1842, lequel assure les crédits nécessaires pour les dépenses d'entretien de l'établissement normal préparatoire d'institutrices, qui sera dirigé à Besançon par les dames de Saint-Vincent de Paul ;

» Vu l'avis du conseil royal de l'instruction publique;

» Nous avons ordonné et ordonnons ce qui suit :

» Art. 1er. Il est créé à Besançon une école normale primaire d'institutrices qui sera dirigée par les dames de Saint-Vincent de Paul.

» Art. 2. Notre ministre secrétaire d'Etat au ministère de l'instruction publique est chargé de l'exécution de la présente ordonnance. »

Ainsi, c'est bien aux sœurs de Charité que l'ordonnance confie la direction de l'école. C'est entre elles et le préfet du Doubs qu'intervient un traité pour régler les conditions auxquelles elles sont admises. Aux termes de ce traité, les sœurs de l'école ont droit à être logées et nourries dans l'établissement, et elles reçoivent toutes indistinctement, la directrice comme les autres, un modeste traitement de 500 francs chacune.

L'école devait être organisée conformément aux dispositions d'un règlement spécial qui fut approuvé le 10 octobre 1843 par le conseil royal de l'instruction publique. Tout était prévu dans ce règlement, le mode d'administration, la discipline, l'emploi du temps, les études, l'enseignement, la gestion économique, etc. Il ne renferme pas moins de 61 articles.

Mais le meilleur règlement ne vaut que par ceux qui le font observer. Aussi l'école nouvelle devait prospérer surtout par l'intelligence et le dévouement de la directrice qui en serait chargée. Cette directrice, désignée à l'administration départementale, fut sœur Judith. Elle se mit à l'œuvre avec le courage qu'inspire l'esprit de foi. Elle trouvait d'ailleurs un dévouement égal au sien dans les maîtresses qui lui étaient adjointes pour faire le bien. Le conseil de surveillance, présidé par le préfet, M. Tourangin, était disposé à seconder la directrice dans cette importante et difficile entreprise.

L'école fut ouverte le 28 octobre 1843, dans le local approprié à cet effet. Elle comprenait deux sortes d'élèves-maîtresses : les boursières et les élèves libres. Elle devait aussi posséder, le plus tôt possible, une école d'application annexée à l'établissement, et servant à former les institutrices à l'enseignement pratique sous la direction des sœurs (1).

A cette époque (1843), les fonctions d'institutrice étaient loin d'avoir tous les attraits dont on a cherché à les entourer depuis, pour favoriser le développement de l'instruction. Aussi les sujets qui aspiraient alors à cette carrière étaient moins nombreuses et nullement préparées. Elles venaient de leur village, où la plupart n'avaient parlé jusque-là qu'un patois grossier. Nous avons entendu sœur Judith parler de ces premiers temps de l'école comme d'une époque de chaos à débrouiller. Peu de notions de grammaire, peu d'orthographe, une écriture détestable, à peine quelque connaissance du calcul, un esprit sans culture, tel était le bagage que les aspirantes apportaient aux examens d'admission. Il fallait pourtant peupler l'école. La commission d'examen fut obligée d'être indulgente et de choisir les médiocres parmi les faibles. On admit jusqu'à 10 ou 12 fautes d'orthographe dans les compositions d'épreuve. « Ces élèves, dit sœur Judith, étaient d'une conduite excellente, mais dépourvues de ce degré d'aptitude indispensable pour réaliser les progrès attendus. »

C'est là l'épreuve de presque tous les établissements qui débutent. L'école normale commença avec seize élèves et un matériel d'enseignement fort incomplet. Mais dans le courant de l'année il y eut de nouvelles recrues d'élèves libres. Le niveau

---

(1) Cette école annexe ne fut ouverte qu'en 1848. Jusque-là on conduisit les élèves-maîtresses dans les écoles de la ville pour y apprendre la manière d'enseigner.

intellectuel s'éleva insensiblement, les caractères se façonnèrent, et l'espérance d'un avenir plus brillant releva les courages.

On comprit qu'au milieu de cette organisation encore défectueuse, on avait trouvé la chose essentielle pour réussir bientôt : le dévouement des maîtresses. Aussi, dès le mois de juin 1844, sur la demande du préfet de la Haute-Saône, on ouvrit à l'école normale un cours de perfectionnement pour les institutrices en fonction, non brevetées, qui désiraient obtenir le brevet de capacité. Vingt-quatre institutrices y furent admises et vingt-deux obtinrent le brevet à la fin de l'année.

Le premier pas était fait. L'école était constituée dans ses éléments essentiels, et la commission de surveillance, rendant un juste témoignage à la direction de sœur Judith, déclara qu'elle s'était montrée *constamment active et prudente..., que l'enseignement avait été donné avec zèle, méthode, et avec le succès que comportaient les dispositions des élèves, dont quelques-unes n'étaient douées que d'une intelligence très médiocre.*

Les années suivantes (1845-46-47) furent encore difficiles. Toutefois, la plupart des élèves étaient admirables de zèle pour le travail et de régularité pour la discipline. Sœur Judith s'efforçait « de les former, dit-elle, non seulement pour le brevet, mais pour l'éducation, le caractère et le goût de l'observation. » Presque toutes obtinrent le brevet de capacité, et l'école commença à fournir des sujets pour l'enseignement public. Ces maîtresses furent appréciées dans les communes. La commission de surveillance en exprima sa satisfaction à sœur Judith. « Le public, dit le rapport de 1847, rend hommage à la dignité de leur conduite et à leur dévouement. »

Ces premiers succès amenèrent à l'école des recrues importantes. On fut contraint d'élever de nouveaux bâtiments, et, pour l'année 1847-48, il y eut une rentrée brillante de 63 élèves, parmi lesquelles sœur Judith signale des sujets intelligents et distingués. Rien ne vint troubler le cours régulier des études, pas même les échos de la révolution de 1848. « Nous avons admiré, dit sœur Judith, ces jeunes personnes continuant avec calme leurs études au milieu des événements qui agitaient les esprits. Aucune d'elles n'a songé à rentrer dans ses foyers. L'amour du travail, le désir de réussir dans la carrière qu'elles avaient embrassée, la conscience du besoin d'être formées, les dominaient dans ces moments orageux. »

Grâce à cette application soutenue des élèves, la directrice put se réjouir des résultats obtenus à la fin de l'année : l'école obtint 32 brevets élémentaires et 8 brevets supérieurs. Jamais elle n'avait vu ni cette masse d'aspirantes ni des succès aussi nombreux. Sœur Judith remercia les départements des sacrifices qu'ils faisaient *pour ouvrir la porte de l'instruction à tous les rangs de la société.* Elle exhorta les nouvelles institutrices à porter au sein des communes une ardeur persévérante *pour communiquer les connaissances qu'elles avaient acquises, et montrer ainsi qu'elles avaient profité des conseils de leurs maîtresses.*

L'école était donc entrée, sous l'impulsion d'un personnel dévoué et instruit, dans une ère de prospérité. Il lui manquait pourtant encore une institution importante, que la directrice réclamait avec instance. C'était une école annexe, qui devait servir à former les institutrices à l'enseignement, tout en offrant aux jeunes filles de la ville une instruction solide et une éducation convenable. Cette école fut enfin ouverte le 15 octobre 1848. Les élèves-maîtresses, sous la direction d'une religieuse, furent, dès lors, mises en face des difficultés pratiques, et purent apprendre à les vaincre, en faisant tour à tour la classe à certains jours, sans cesser de suivre les cours réguliers de l'école normale.

Cette école annexe a produit les résultats les plus satisfaisants. Elle reçut, dès la première année, 60 élèves. Les locaux étaient d'abord insuffisants. Les élèves-maîtresses n'avaient pas toujours l'expérience nécessaire pour enseigner ni l'autorité voulue pour maintenir la discipline. Sœur Judith, qui s'était chargée spécialement du cours de pédagogie, pourvut à tout ce qui manquait. Elle fit disposer des salles plus faciles à surveiller. Elle anima les élèves-maîtresses à faire la classe tour à tour avec tout le soin possible. L'école annexe finit par prendre une marche régulière Les familles montrèrent leur confiance dans cet enseignement, et le chiffre des élèves s'élève aujourd'hui à 120. En 1871 on fut autorisé à ajouter à l'école annexe un cours supérieur destiné à préparer les élèves externes au brevet de capacité. Dès l'an 1874 ces élèves commencèrent à se présenter aux examens, et, jusqu'à ce jour, c'est-à-dire en six ans, elles ont déjà obtenu 65 brevets, dont 21 supérieurs.

Dans les premières années de l'école normale la sollicitude de sœur Judith s'était renfermée dans l'enceinte de l'établissement. Mais depuis que ses élèves étaient devenues des institutrices publiques, elle les suivait avec une vigilance inquiète dans tous les postes où les envoyait l'administration. Elle demandait que leur sort fût amélioré, « car, dit-elle, elles embrassent une carrière qui, en assujettissant à dix ans de labeurs les plus belles années de leur vie, leur offre bien peu d'avantages réels. » Elle plaidait ainsi chaque année leur cause avec énergie, demandant qu'on n'oubliât pas leurs sacrifices et qu'on augmentât leurs avantages, si on voulait attirer plus de bons sujets à l'école.

Leur situation morale la préoccupe également. Elle les connaît toutes. Elle sait où elles sont. Elle correspond avec elles pour les aider de ses conseils. Comment pourrait-elle les oublier? « Seules pour la plupart, dit-elle, souffrant de leur isolement, ayant à diriger l'éducation d'une jeunesse souvent inculte, à former des caractères difficiles, que de ressources leur manquent, surtout dans un âge où l'on manque totalement d'expérience ! »

Mais ses inquiétudes deviennent une douleur amère quand elle apprend que plusieurs, découragées par le peu de concours des familles, ont abandonné l'enseignement, et surtout quand on l'informe que quelques-unes, trop faibles contre les dangers qui les entourent, ont donné dans quelques écarts.

Ne pouvant faire tout ce qu'elle désire pour ses anciennes élèves, sœur Judith obtient au moins l'autorisation d'en réunir chaque année, à l'école, un certain nombre pour une retraite pédagogique. Cette innovation salutaire fut inaugurée en 1851. Dès lors, tous les ans au mois d'octobre, elles vinrent, au nombre de 60 à 70, se recueillir dans la maison où elles avaient été formées, pour y fortifier leur cœur dans l'amour du devoir, et s'éclairer en étudiant les meilleures méthodes d'enseignement.

Ces retraites duraient six jours, et l'établissement en supportait tous les frais. Les institutrices y recevaient d'utiles conseils de pédagogie dans les conférences faites par MM. les inspecteurs primaires, et puisaient de généreuses résolutions dans les exercices religieux donnés sous la direction de l'aumônier de l'établissement. « De plus, pendant ces jours, nous dit sœur Judith, elles se revoient entre elles, se communiquent leurs petites découvertes, les procédés qui leur réussissent et les moyens qu'elles emploient pour aplanir les difficultés qu'elles rencontrent dans l'enseignement. Elles ont enfin accès libre auprès de toutes leurs anciennes maîtresses, qui leur portent le plus vif intérêt, et il n'est pas rare que celles qui étaient le plus accablées sous le poids des difficultés s'en retournent animées d'un nouveau courage pour continuer leur œuvre de zèle et de dévouement. »

L'école continuait donc à prospérer sous l'habile direction de sœur Judith, qui, chaque année, y introduisait toutes les améliorations possibles. C'est ainsi qu'elle y développa successivement les cours de musique, de dessin, d'allemand, de travaux à l'aiguille et d'ouvrages d'agrément, etc. Elle acquit peu à peu les instruments et les collections nécessaires pour l'enseignement de la physique, de l'histoire naturelle, de la géographie, et pourvut à la formation et à l'entretien de la bibliothèque. L'école normale de Besançon obtint bientôt, même en dehors de la province, une réputation méritée. Les départements qui voulaient établir des écoles semblables demandaient des renseignements à la directrice de Besançon, et les registres de l'établissement indiquent encore les demandes faites à cet égard par les départements de Seine-et-Marne, de Lot-et-Garonne, de la Dordogne, etc. Aussi les inspecteurs qui visitaient l'école, tout en signalant les améliorations à introduire, avaient toujours des éloges pour le zèle, le dévouement et l'intelligence de la directrice.

J'ai dit que l'école normale est bâtie dans une situation des plus favorables à la santé. Aussi l'infirmerie était presque toujours vide. Deux ou trois fois seulement l'influence typhoïde qui régnait dans la ville se fit sentir dans l'établissement, particulièrement en 1860. Sœur Judith montrait alors, pour celles qui souffraient, toute la sollicitude affectueuse d'une mère. Elle obtint la construction d'un préau couvert, afin que, même pendant les jours de pluie, les élèves pussent se livrer aux jeux et aux mouvements utiles à leur santé.

Mais il vint un jour où la directrice de l'école dut résigner ses fonctions ordinaires pour prendre complètement celles d'infirmière, afin de soigner, non ses élèves, mais les malheureuses victimes de la guerre de 1871. L'année 1870 avait été des plus brillantes pour l'école. « Les études, dit sœur Judith, ont été régulières, la santé bonne, et *l'année s'est écoulée comme un jour.* » Mais les bruits de guerre vinrent troubler cette quiétude. On dut avancer les vacances et renvoyer les élèves dès le mois d'août, sans prévoir l'époque où l'on pourrait les rappeler. Sur la réquisition de l'autorité militaire, l'école fut convertie d'abord en caserne, puis en ambulance. Ce dernier service dura du 22 octobre 1870 au 23 mars 1871.

Quand le dévouement est sincère, il sait prendre toutes les formes que réclament les circonstances. Les maîtresses de l'école, transformées en hospitalières, se consacrèrent, pendant cinq mois, au soin des soldats malades, avec un zèle admirable. Sœur Judith leur donnait l'exemple. Au rez-de-chaussée de l'école on avait établi une salle spéciale pour les officiers. Tous les jours la directrice y assistait à la visite des médecins, et, après leur départ, elle s'empressait de donner elle-même aux malades les soins et les remèdes indiqués, avec un dévouement auquel l'autorité militaire a rendu officiellement hommage.

Pour ne citer qu'un exemple, l'un de ces officiers recueillis à l'ambulance de l'école, et qui vit encore aujourd'hui dans une localité du Jura, a voué une sorte de culte à la bonne directrice qui l'avait soigné si affectueusement, et, chaque année, il est venu lui faire une visite de reconnaissance. Sœur Judith affectionnait ses pauvres malades comme les enfants de sa charité, et quand l'autorité militaire jugeait à propos d'en transférer quelques-uns dans une autre ambulance, la sœur ne pouvait retenir ses larmes en les voyant partir sans qu'ils fussent guéris. Le dévouement des religieuses ne fut point stérile, et l'ambulance de l'école fut une de celles où l'on compta le moins de décès.

Mais ces préoccupations charitables de sœur Judith ne lui faisaient pas perdre de vue ses chères élèves. Elles ne revinrent que le 15 avril. Hélas ! celles du Bas-Rhin, au nombre de sept, manquaient à l'appel. Par un sentiment de fierté nationale, leurs familles n'avaient pas voulu demander à la Prusse victorieuse la continuation des bourses dont elles jouissaient à l'école normale.

Les autres rentrèrent au nombre de cinquante-quatre. « Elles revenaient, dit sœur Judith, sous l'impression des malheurs de la France, des souffrances de la famille opprimée par le despotisme allemand, et des lacunes imposées à leurs études par ces tristes circonstances. »

Mais les encouragements ne leur manquèrent pas. Elles reprirent le travail énergiquement. « Jamais, dit encore sœur Judith, leurs journées n'ont été si bien remplies ; jamais elles n'ont mis tant de courage et de persévérance pour atteindre leur but, et jamais non plus leur direction n'a été plus facile ni leur conduite plus satisfaisante. Aussi, cette année, marquée par tant de tristesse, ne fut-elle pas pour nous sans consolation. Elle a donné vingt-une institutrices nouvelles à l'enseignement primaire, toutes animées d'un bon esprit, toutes vraiment chrétiennes et toutes dévouées au bien de la jeunesse. »

Dès l'année suivante, l'établissement se releva d'une manière complète. L'école annexe, que la guerre avait dispersée, retrouva bientôt son chiffre ordinaire et obtint, en 1873, des distinctions au concours général. La commission de surveillance, témoin de cette prospérité, put faire, en 1874, la déclaration suivante : « La commission n'a plus aujourd'hui qu'à veiller au maintien des traditions, et cette tâche lui est rendue facile par le dévouement et la prudence de la directrice et des maîtresses qui ont tant contribué au développement et au succès de l'école. »

Aux nombreux témoignages de la commission de surveillance venaient se joindre ceux des autorités administratives et universitaires. Le 5 septembre 1874, sœur Judith fut nommée officier d'académie. Elle reçut cette distinction avec une satisfaction pleine de modestie, considérant qu'une telle distinction pouvait être utile à l'école et que d'ailleurs elle faisait plaisir à ses consœurs.

Dans les premières années de l'établissement, on avait dû, pour former le personnel des élèves, admettre des sujets fort médiocres. Mais dans la période où nous sommes arrivés (de 1871 à 1880), le niveau intellectuel s'était sensiblement relevé ; les élèves étaient mieux douées et presque toutes capables d'arriver au brevet supérieur. De plus, les classes annexes avaient pris un grand développement ; elles comptaient 120 élèves, dont un grand nombre, chaque année, sortaient victorieuses de l'épreuve du brevet de capacité ou du certificat d'études. En 1878, l'album de dessin envoyé par l'école à l'exposition générale de Paris fut récompensé par une médaille d'argent accordée à la directrice.

J'ai essayé de montrer comment l'école normale de Besançon avait progressé, année par année, sous l'habile direction de sœur Judith. Pour faire encore mieux comprendre ce progrès, il suffit d'exposer la somme des résultats obtenus pendant les trente-sept ans de son administration, sous le rapport scolaire et sous le rapport économique.

Depuis l'année 1844 jusqu'à la fin de 1879, l'école avait reçu 943 élèves et obtenu 802 brevets. Elle vient d'en obtenir encore

27 en 1880, ce qui donne un total de 829 brevets, parmi lesquels 128 brevets supérieurs. La plupart de ces élèves brevetées sont devenues institutrices publiques dans le Doubs, la Haute-Saône et le Haut-Rhin. A part quelques rares défaillances, elles ont rendu les plus grands services à l'enseignement populaire et contribué, pour leur part, à placer notre province aux premiers rangs dans la statistique de l'instruction primaire en France. Nous pouvons signaler, parmi les élèves formées par sœur Judith, l'une d'elles, qui est aujourd'hui à la tête de l'école normale de Sion en Valais, et l'autre qui est directrice du cours normal de Dijon. D'autres ont rempli avec distinction les fonctions de préceptrices non seulement en France, mais dans divers Etats de l'Europe.

A côté d'elles les institutrices congréganistes travaillaient également à l'éducation de l'enfance. Il y avait place pour tous les dévouements ; et, quand les élèves brevetées de l'école normale restaient quelque temps sans emploi, sœur Judith, qui ne les oubliait jamais, réclamait en leur faveur auprès de l'administration, en demandant pour elles les postes occupés par des maîtresses qui n'avaient aucun titre légal pour enseigner. « Ce ne sont pas, disait-elle, les communautés qui envahissent les postes, car, si on consulte les statistiques, elles ne figurent que pour un nombre inférieur dans les écoles communales, et plus de la moitié des écoles resteront encore longtemps aux laïques. »

Ses réclamations, élevées en 1859 et l'année suivante, eurent pour résultat de faire placer convenablement toutes les élèves sorties de l'école, et d'en faciliter ainsi le recrutement. On comprit que l'engagement décennal était un titre à la protection de l'administration, et, dès l'année 1861, sœur Judith exprime sa satisfaction de voir placées toutes ses élèves.

Si l'école normale donnait des résultats satisfaisants pour l'enseignement public, elle n'était pas moins florissante sous le rapport financier. Je ne connais pas le chiffre des dépenses faites par le département pour l'acquisition du terrain et la première construction des bâtiments de l'école. Mais en 1848, quand il fallut agrandir ces bâtiments, le département dépensa encore 72,142 fr. Ce fut tout. Les autres agrandissements et appropriations de la maison furent payés avec les bonis de l'école. Grâce à l'administration soigneuse et économique de sœur Judith, ces bonis s'accumulaient chaque année. Le régime intérieur de la maison n'en souffrait pas. Les élèves étaient convenablement nourries, conformément au décret du 26 décembre 1855 ; mais le soin attentif de la directrice à ne faire aucune dépense inutile, à conclure avec les fournisseurs des marchés avantageux, à faire rentrer toutes les créances de l'établissement, etc., devait nécessairement y amener une aisance relative.

Un seul mot suffira pour faire comprendre tout ce que mérite d'éloge l'administration économique de sœur Judith. Pendant les trente-sept ans de sa direction, elle a économisé au profit de l'établissement une somme de CENT QUATRE-VINGT-TROIS MILLE TROIS CENT TRENTE-TROIS FRANCS VINGT-CINQ CENTIMES. Voici, du reste, le détail fourni par sœur Judith elle-même dans le rapport officiel qu'elle adressa, quelques mois avant sa mort, à M. l'inspecteur général, qui le lui avait demandé :

Situation économique de 1880.

Depuis 1843, époque de son ouverture, l'école a réalisé 183,333 fr. 25 c. de bonis. Ces bonis ont été successivement placés :

1° En rentes sur l'Etat, un capital de	126,484 fr. 37
2° Sur les bâtiments de l'école,	20,387 15
3° Pour une augmentation des objets mobiliers,	18,543 86
4° Pour les approvisionnements,	4,839 45
5° Et il reste en caisse, destinée à assurer le service courant, une somme de	11,882 64
6° Le reste à recouvrer à la fin de l'exercice 1878,	1,195 78
	183,333 fr. 25

En présence de pareils résultats, la commission de surveillance déclara hautement sa satisfaction. Elle entrevoyait, disait-elle, « le jour prochain où l'établissement pourrait subsister par ses propres ressources. » En effet, l'entretien des bâtiments figurant chaque année pour une somme de 1,000 fr. et les traitements de tous les fonctionnaires de l'école étant de 4,800 fr., cette somme totale de 5,800 fr. se trouve couverte chaque année par les rentes sur l'Etat, constituées par la sage prévoyance de sœur Judith, et qui s'élèvent aujourd'hui à 5,760 fr. « Ainsi l'école, disait déjà en 1870 le rapport de la commission de surveillance, n'aura plus à demander d'allocation annuelle au département du Doubs qui l'a fondée. Les prix de pension des élèves, joints à ses ressources propres, couvriront toutes les dépenses. Les bâtiments complétés et largement appropriés, en partie aux frais de l'école, suffisent amplement à tous les besoins du service. »

On peut en effet consulter le budget du conseil général du Doubs. L'école normale de Besançon n'y figure, en dehors des bourses, que pour une subvention de 310 francs. Voici l'article inscrit à ce budget :

« Dépenses ordinaires de l'école normale d'institutrices, 5,110 fr. »

Or, sur cette somme il y a 12 bourse à 400 fr.,   4,800 »
Subvention à l'école,   310 »
                                      Total,   5,110 »

Il n'y a point d'autre allocation. L'école n'a jamais reçu ni don ni legs qui aient pu augmenter ses ressources. Tout reposait sur la bonne gestion de la directrice, qui administrait en toute loyauté et franchise, selon la droiture de sa conscience, et avec la préoccupation continuelle de ménager les deniers publics et de décharger le département qui avait fait les premiers sacrifices pour l'école confiée à ses soins. Aussi, quand en 1879 l'ancienne commission administrative fut renouvelée, la commission nouvelle, reconnaissant l'état prospère de l'établissement, terminait son rapport par cet éloge bien mérité : « Nous pouvons constater, en comparant les rapports de nos prédécesseurs, que nous jouissons aujourd'hui du fruit de quarante années de labeurs et de dévouement. »

J'ai montré, dans sœur Judith, la directrice modèle d'une école normale. Elle avait sans doute, comme nous tous, ses côtés faibles et défectueux. Mais, comme dit le Sage, la charité couvre la multitude des fautes, et cette charité, qui inspirait sa vie, elle la puisait là où en est la véritable source, dans l'union avec Dieu par la prière.

La plus douce récompense de sœur Judith était de voir l'amour du devoir inspirer les âmes qu'elle s'efforçait de diriger vers le bien. Avec quel bonheur, il y a quelques années, elle écrivait les paroles suivantes : « L'école a l'air d'une nombreuse famille, où chaque figure reflète le calme, l'aisance, la paix. Dieu y est servi, l'autorité respectée, les rapports réciproques affectueux, le travail régulier, l'ordre fidèlement observé. »

Cet esprit de famille est encore aujourd'hui un des caractères de l'école normale de Besançon. Il ne nuit pas à la force des études, il n'affaiblit pas le nerf de la discipline, mais il fait accepter le travail par amour et observer la règle par vertu. Aussi, le bon ordre, troublé quelquefois à l'école dans les petits détails, ne le fut jamais dans son essence. Pendant la longue administration de sœur Judith, elle n'eut à prononcer que deux exclusions contre des élèves qui furent rendues à leurs parents avec une discrétion pleine de délicatesse.

Aujourd'hui presque toutes celles qu'elle a formées lui gardent un souvenir de reconnaissance et d'affection. Le jour de sa mort elles ont spontanément ouvert une souscription pour lui élever un monument funèbre, auprès duquel elles iront prier pour celle qui fut leur guide pendant sa vie et qui leur parle encore après sa mort (1).

J.-M. Suchet.

(1) Malgré leurs faibles ressources, les institutrices ont déjà recueilli entre elles, pour la tombe de sœur Judith, une somme relativement importante. Les personnes qui voudraient participer à cette œuvre peuvent déposer leur offrande à l'école normale.

BESANÇON, IMPRIMERIE DE J. JACQUIN.

www.ingramcontent.com/pod-product-compliance
Lightning Source LLC
Chambersburg PA
CBHW060452050426
42451CB00014B/3284